EL MANUAL DEL DISLÉXICO

¡Edición Genius!

Jimmy Huston

Cosworth Publishing
21545 Yucatan Avenue
Woodland Hills CA 91364
www.cosworthpublishing.com

Para más información sobre este consentimiento, escríbanos a office@cosworthpublishing.com.

Dedicado a mis maravillosas hijas y esposa disléxicas, Goeriga, Vorenaci and Lnyn, que me han hecho sentir muy cansado.

-- Con amor, Jimym

ИІŁ

Es broma. Más o menos...

Como persona disléxica, ves las cosas de otra manera. No pasa nada.

¿Qué es la dislexia?

Hace mucho, mucho tiempo, en una isla remota en la parte más profunda del Mar del Conocimiento, existía el gran Reino de la Dislexia.

Los ciudadanos eran muy inteligentes y hablaban el mismo idioma que hablamos hoy, pero a veces escribían las palabras de manera diferente. (Y a nadie le importaba.)

La ubicación exacta del Reino de la Dislexia se ha perdido para nosotros porque, bueno, los viajeros que venían de allí tendían a perderse mucho.

Hoy en día, sus descendientes se encuentran por todo el mundo moderno y son ampliamente conocidos por su inteligencia y creatividad. Y todavía escriben las cosas de forma extraña.

O tal vez no.

Entonces, ¿qué es realmente la dislexia?

Ya sabes cómo se siente, pero ¿cómo se lo explicas a otras personas?

Bueno, la dislexia es algo diferente para cada persona. Afecta la forma en que algunas personas procesan las cosas que ven o cómo entienden lo que escuchan. Afecta la forma en que algunas personas piensan sobre las cosas y cómo expresan esos pensamientos. Básicamente, es un problema de pensar en línea recta, como si

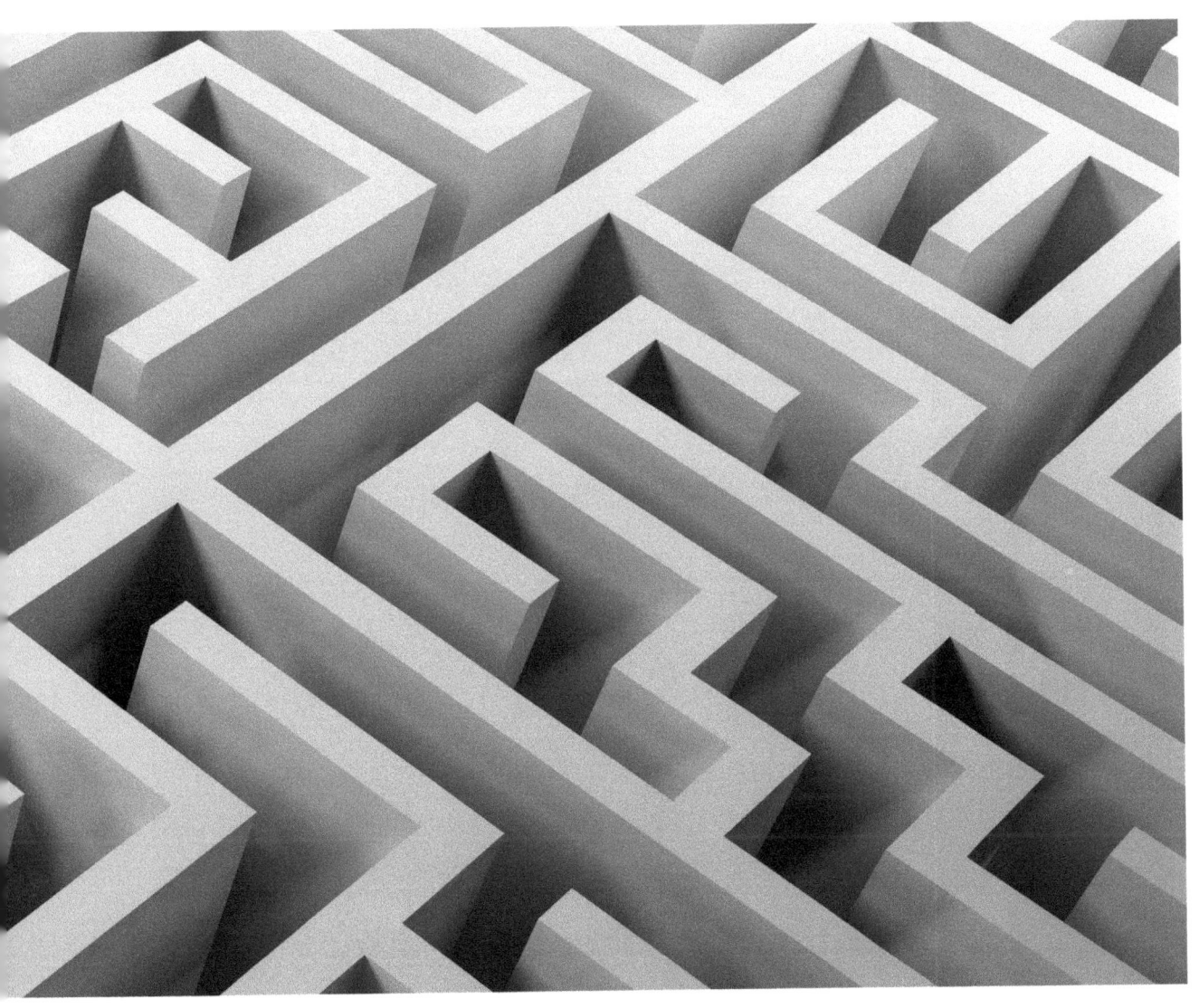

los pensamientos a veces dieran vueltas y vueltas en el cerebro. Se pierden o, a veces, van al lugar equivocado. Las cosas se mezclan.

En esencia, la dislexia es una dificultad para relacionar las letras con los sonidos que representan. Hay explicaciones más clínicas y científicas, pero pueden ser difíciles de seguir y dependen de a quién estés escuchando. Incluso los médicos dicen cosas diferentes sobre la dislexia. Lo único que realmente necesitas saber es que todo va a estar bien.

5

Mantén la cabeza en alto.

No hay nada de qué avergonzarse.

¿Cansado de que se burlen de ti?

Sigue sonriendo. Sigue trabajando.

Eso NO significa que seas tonto.

Lo harás genial. Con el tiempo, la gente se dará cuenta.

Te ganarás su respeto.

¿Nadie podría encontrar una palabra mejor que "dislexia"?

Hay demasiadas formas de escribirla mal.

¿No podrían haberla llamado "confusión"?

O incluso "síndrome de confusión aumentada."

O "locura de palabras."

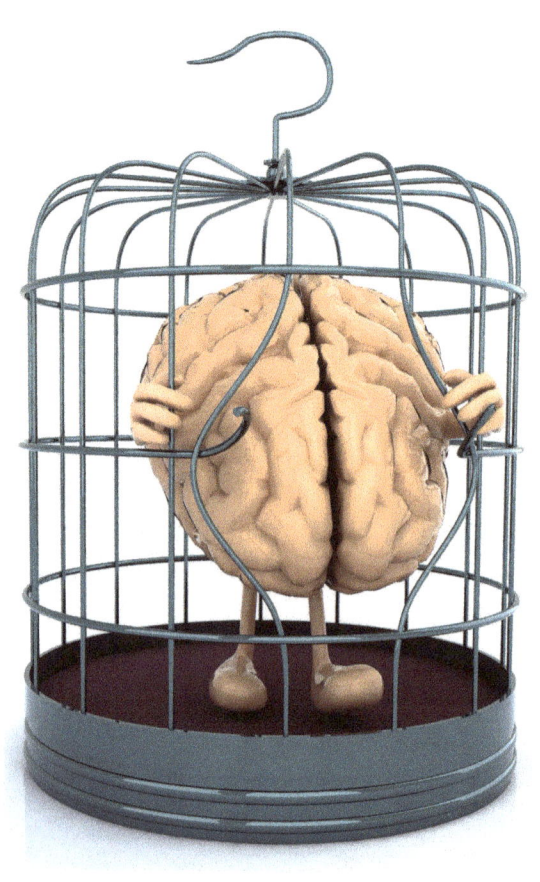

Acerca de tu cerebro.

Tu cerebro está bien.
De hecho, es un cerebro
perfectamente funcional,
con excelentes pensamientos
pasando por él.

A veces, la información
que entra al cerebro se
desordena en el camino y
sale de manera extraña,
pero mira a tu alrededor.

El cerebro de todos comete
errores.

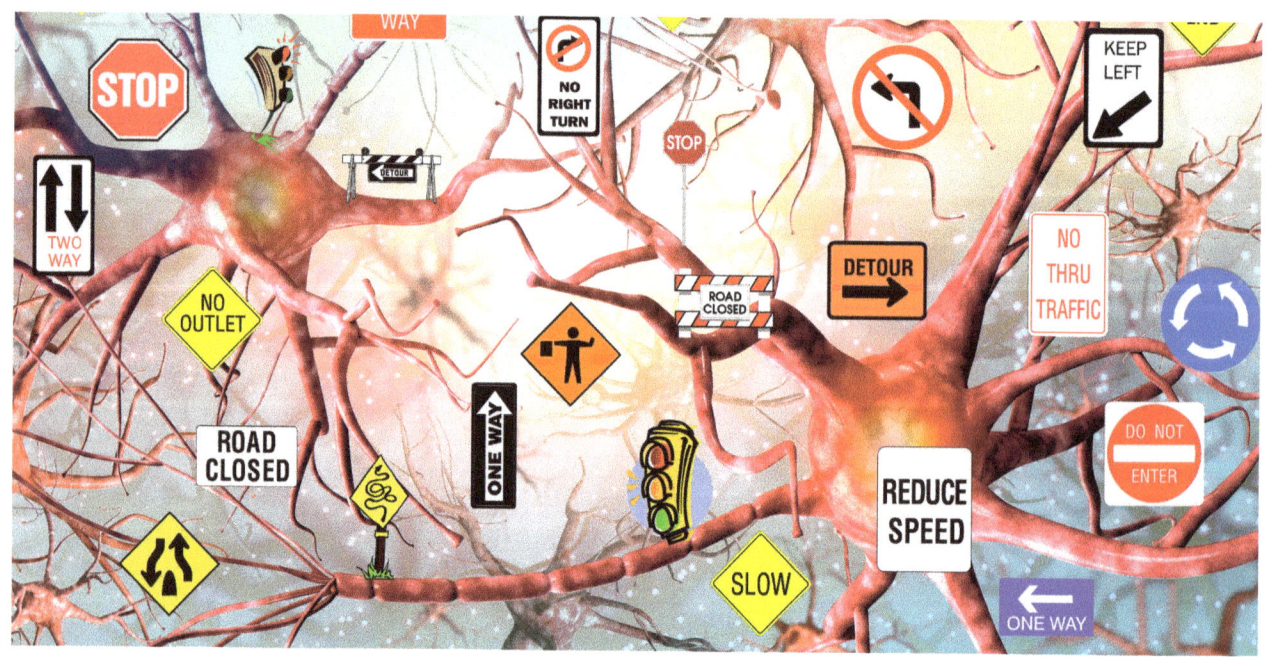

¿Se pierden los pensamientos dando vueltas por
tu cerebro?

Los artistas y filósofos pasan años aprendiendo a ver el mundo de nuevas maneras.

Los disléxicos nacen viendo el mundo de otra manera. Aprovecha esto.

Libera el poder creativo de tu gran cerebro. Déjalo ir.

No eres el único.

Aproximadamente una de cada cinco personas es disléxica.

Así es: una de cada cinco. Están a tu alrededor. Una de cada cinco.

Y, a veces, la dislexia se transmite de padres a hijos.

Puede que haya personas cercanas a ti que puedan hablar contigo sobre el tema.

Por cierto, la dislexia no es contagiosa.

Habla sobre ello.

Si puedes decirle abiertamente a la gente que tienes dislexia y que estás luchando con uno o más problemas específicos, te sorprenderás de cuántas personas te dirán que también son disléxicas.

Probablemente te contarán una historia sobre un momento disléxico en sus vidas y querrán ayudarte en todo lo que puedan.

No pueden curarte y es posible que ni siquiera puedan ayudarte con tu problema actual, pero han encontrado formas de lidiar con la dislexia. Tú también puedes.

El hecho de que alguien que conozcas, alguien que funcione "normalmente", comparta sus propias experiencias puede marcar la diferencia, porque es una prueba de que la dislexia no gana. No se puede "curar", pero puedes vencerla todos los días. Solo tienes que encontrar tu propio camino.

Problemas en la escuela.

Si eres disléxico, probablemente tengas problemas en la escuela.

Cuando los profesores explican las cosas, parece que a menudo las hacen más difíciles.

Usan palabras complicadas cuando basta con palabras simples.

Hablan rápido cuando a ti te cuesta seguirles el ritmo.

Sus respuestas a tus preguntas son apresuradas y complicadas y solo repiten lo que no entendiste y solo repiten lo que no entendiste y solo repiten lo que no entendiste.

Dado que la dislexia es el resultado de la dificultad para procesar sonidos, todas estas cosas pueden causar problemas que se manifiestan a través de la escritura y la lectura.

¿Cómo puedes lidiar con esos problemas?

1. Pide ayuda. 2. Trabaja duro. 3. Repite.

Lo que más temen algunos niños es leer en voz alta delante de sus compañeros de clase. Es difícil pensar con claridad cuando la mente está acelerada y los pensamientos chocan contra el interior del cráneo. Relájate. Todo irá bien.

Hay muchas historias de niños que prefieren portarse mal y que los expulsen de la clase antes que pasar vergüenza por cometer errores delante de sus compañeros.
No seas ese niño. Habla con tu profesor. Pide ayuda.

Leer es difícil.

No te gusta leer, pero todo el mundo te obliga a leer de todos modos.

Acostúmbrate.

Admítelo. Algunos de esos libros tienen cosas buenas. Sea lo que sea lo que te interese, hay libros al respecto.

Así que asegúrate de conseguir los buenos libros. Pregunta por ahí.

Hay miles de libros para elegir (no es necesario leerlos todos).

Aunque leer sea difícil, lee de todos modos. No dejes que un libro te gane. Está bien leer despacio. Está bien leer algo más de una vez. Está bien que alguien te lea o que escuches la grabación de un libro.

Nadie te lo dirá, pero si estás leyendo un libro que no te gusta, ciérralo. Déjalo a un lado. Prueba con otro libro. Y con otro.

Algún día, tal vez vuelvas al libro que dejaste a un lado. Tal vez entonces sea mejor. Eso sucede.

Para algunos libros tienes que estar preparado.

Escribir es difícil.

Los pensamientos perfectamente buenos pueden expresarse de formas extrañas y el lector no los entiende con claridad.

No te preocupes por las palabras ni por cómo deben ir juntas. Concéntrate en tu imaginación. Expresa tus pensamientos.

Pero sé inteligente: usa el corrector ortográfico.

Y léelo de nuevo antes de entregarlo. Haz que otra persona revise tu escrito. Es posible que encuentre errores que tú no hayas visto.

Las matemáticas son difíciles.

Eso no significa que no puedas hacerlas. Es posible que necesites más tiempo o que necesites que te expliquen las cosas más de una vez. No hay problema.

La mayoría de los profesores saben más de una forma de explicar los problemas de matemáticas y es posible que necesites una explicación completamente diferente a la del resto de la clase. Sigue haciendo preguntas.

Revisa tu trabajo. Haz que otra persona revise tus tareas. Es posible que encuentren errores que tú no hayas notado.

¿Cómo se siente un estudiante disléxico durante un examen?

1. Explica cómo se comparan el whalluperstm y el gllllllrestlb. _____

2. Enlista las razones por las que el scorbobble frnchul- lest en la republagle. Muestra tu trabajo.

3. ¡SE ACABÓ EL TIEMPO! ¡PASA TU PRUEBA AL FRENTE!

4. ¿Cuántos otros woxhengles soportan el gorwhicky gflumph?

5. Comeplta el espciaio en balnco y formgalagle de dglclpr.

6. Filb in da balannnk_____ and _____.

7. Elij respeusta C. a cotinnuacnió.
   a. Incrrtoc.
   b. Tmenb Incrrtoc.
   d. Otaz ver Incrrtoc.

8. _____ y _____ ve aqui.

9. Cuás cosas no entndiees aquí. _____
_____

10. ¿Por qué eres perezoso? _____

19

Problemas en casa.

Cuando hay problemas en la escuela, normalmente también hay problemas en casa.

Con tus padres.

Tienes que ayudarlos a entender.

No te rindas con ellos. Tienen buenas intenciones.

Sigue intentándolo. No es fácil, pero se vuelve más fácil.

Nota para los padres: Ustedes tampoco se rindan. Piensen en cómo se siente ser un niño con este problema. Consigan ayuda para su hijo.

Existen pruebas que diagnostican la dislexia. No necesitarán estudiar para ellas y no pueden suspenderlas.

Si descubren que tienen dislexia, tienen ciertos derechos que significan que pueden obtener ayuda. Esa es la ley.

Aprenderás estrategias de compensación. Algunas personas las llaman soluciones alternativas. Son simplemente formas de sortear cualquier problema con el que estés luchando. Rompe las reglas.

Estás teniendo problemas en la escuela con las letras, así que, sean cuales sean las calificaciones que el maestro ponga en tu boletín de calificaciones, dile a tus padres que lo que ves son "A." Y apégate a tu historia.

¿Qué puedes hacer?

Trabajar duro.

Eso es todo. Eso es lo que puedes hacer. Puede que sea difícil, pero la gente lo notará, y eso es bueno.

Quedarán impresionados. Recibirás ayuda. Las cosas mejorarán cada vez más.

La tecnología puede ayudar.

A veces es más fácil escribir a máquina que con un bolígrafo o un lápiz.

Hay aplicaciones que pueden leerte el texto en voz alta.

Puedes dictarle a un software que escribirá tus palabras.

Hay fuentes especiales para tu computadora que pueden ayudarte. (Como esta: OpenDyslexic 3).

Puedes grabar tus pensamientos en una grabadora.

Hay bolígrafos que graban la clase de un maestro mientras tomas notas.

No eres perezoso.

Pide ayuda.

Todo el mundo lo hace. Y tú mereces las mismas oportunidades.

Pide que las cosas que necesitas leer estén en letra más grande.

Pide más tiempo para leer tus tareas o hacer tus exámenes.

Pide que te lean cosas en voz alta. O pide audiolibros. Pide si puedes grabar las clases y escucharlas después.

Pide exámenes orales o pruebas en letra grande.

Tal vez solo necesites un descanso para calmarte. O un abrazo. Pregunta si puedes salir a caminar.

Tal vez necesites una habitación tranquila. O tal vez necesites música alta.

Tal vez necesites desahogarte un poco, bajar tu nivel de energía hasta el punto de poder concentrarte.

Tal vez necesites una cerveza (es broma). Eso lo dejaremos para más adelante.

No espere hasta necesitar la ayuda. Pídela pronto y con frecuencia.

Empieza por tus padres. Haz que hablen con tus profesores con antelación, antes de que te quedes atrás.

Cómo conseguir ayuda.

Hay respuestas, algunas de ellas ocultas.

Pregunta por ahí. Búscalas. Prueba cosas diferentes. Ve a la biblioteca (¡otra vez libros!). Busca en Internet. Ve videos. Encuentra un grupo de apoyo. Infórmate sobre los programas para discapacitados en tu escuela. Incluso hay conferencias que tratan exclusivamente sobre la dislexia. Habla con tus padres (otra vez). Pregunta a tus profesores (otra vez).

Cuando la gente te cuenta historias sobre sus momentos de dislexia, te están diciendo que quieren ayudar. Saben cómo es y lo están haciendo bien, aunque sea difícil.

De vez en cuando, cometerás un error tonto. Así que ríete. Si puedes reírte de tus errores, puedes hacerlos menos importantes y aliviar el dolor.

La música puede ayudar.

A algunas personas les gusta hacer música. A otras simplemente les gusta escucharla.

Tal vez la música te relaje. Hay personas que creen que cambia la forma en que pensamos.

Algunas personas encuentran que leer música es más fácil que leer palabras. Inténtalo.

Probablemente conozcas muchas canciones. Si tienes problemas para recordar algo para la escuela, inventa una canción al respecto.

La lectura no es lo más importante del mundo.

Tampoco lo es la ortografía. Y tampoco lo son las matemáticas.

La vida puede ser una prueba, pero no es una prueba de matemáticas.

Tal vez seas bueno con
las manos.

Tal vez seas artístico.

Tal vez seas un buen oyente.
Necesitamos más de esas
personas.

Tal vez seas bueno con las
cosas mecánicas.

Tal vez seas bueno en los deportes.

Tal vez seas musical.

Tal vez seas bueno con las personas.

Tal vez seas bueno con los niños (que también
son personas).

Tal vez solo necesites una siesta.

Si piensas de manera diferente, tal vez también
veas las cosas de manera diferente.

Ves las cosas de una manera que la mayoría de
las personas no las ve.

Entonces, tal vez encuentres una manera diferente
de resolver un problema.

Eso sucede a menudo.

Toma acción.

No te quedes sentado esperando que algo o alguien resuelva tus problemas.

Tú estás al mando. Sé creativo. Presume un poco.

Si no te gusta leer libros, escribe uno. Escribe uno que te gustaría leer (puede ser corto).

Las novelas gráficas también son libros. Leerlas cuenta. También escribirlas y dibujarlas.

Construye algo. Hazlo con madera, papel, plástico o masa de galletas.

Hazlo rodar, volar o brillar. Llámalo invento, escultura o pisapapeles.

Prueba algo nuevo. ¿Sabes coser, cocinar o pintar? Comete algunos errores.

Haz un mapa. Desarma algo (consúltalo primero con tus padres). Prueba un nuevo idioma. Inicia un club.

Postúlate para un cargo. Ayuda a alguien a guardar un secreto. Aprende un truco de magia. Haz un cartel gracioso.

Escribe un poema que solo tú entenderás. Conviértelo en una caric... o, mejor dicho, una canción. O una caricia.

31

Después de la escuela.

Sí, algún día todo terminará.

Una vez que terminas la escuela, los exámenes terminan. No hay nada que no puedas hacer.

Excepto, tal vez, leer.

Y escribir.

Y deletrear.

Y matemáticas.

¿Por qué no es un problema?

Es muy sencillo: para leer, escucharás audiolibros o verás vídeos.

Para escribir, dictarás, ya sea a una persona, a una grabadora o a una computadora.

Para corregir la ortografía, usarás una aplicación de corrección ortográfica o un editor.

Para las matemáticas, usarás una calculadora o una computadora o buscarás un contable.

Estarás contento.

Gestión del tiempo.

Tiempo. No hay suficiente. Esto es cierto para todos, pero es aún más cierto para una persona disléxica que está haciendo un examen.

Las habilidades de gestión del tiempo se pueden desarrollar. Eso significa no posponer las cosas, incluso cuando lo desees. Organízate. Haz un horario. Toma notas.

Comienza temprano, tómate descansos cuando los necesites y luego vuelve al trabajo. Termina.

Desperdicia bien el tiempo.

Soñar despierto es otra forma de decir pensar. La imaginación y la creatividad pueden ser un trabajo duro. Acéptate el mérito. Explora tus pensamientos e ideas. Habla de ellos con otras personas.

Prueba cosas nuevas. Comete errores. Tal vez incluso te metas en problemas (no demasiados, pero la experimentación puede tener consecuencias). Encuentra algo que te guste hacer y conviértete en un experto en ello. Luego enséñale a alguien cómo hacerlo.

Ríete mucho. Nunca te avergüences. Siéntete orgulloso.

Consigue un trabajo.

Las personas con dislexia tienen muchos trabajos diferentes. Algunos pueden ser mejores para ti que otros.

Tienes mucho tiempo, pero piensa con anticipación. ¿En qué eres bueno? ¿Qué disfrutas? ¿Cuáles son tus puntos fuertes? ¿Qué quieres ser?

Por ejemplo, puedes sorprenderte saber que las personas disléxicas realizan todos estos trabajos (así que elige uno): paleontólogo, entrenador, presidente, profesor, gobernador, atleta, arquitecto, guitarrista, ingeniero, piloto de carreras, soldado, neurocientífico, diseñador, médico, general, abogado, inventor, comediante, biofísico, astronauta, matemático, poeta, luchador, empresario, senador, dibujante de historietas y muchos más.

Probablemente no serás controlador aéreo o, si lo eres, probablemente querrás mantener la boca cerrada sobre tu dislexia.

Tal vez la corrección de textos no sea lo tuyo. Tal vez te dediques a hablar, como un vendedor, un ministro, una personalidad de la radio o un político.

Tal vez la paciencia que has aprendido te permita ayudar a los demás. Tal vez seas profesor o cuidador.

Tal vez seas escritor o actor o cantante o cineasta o artista (pero probablemente no tatuador).

Y tal vez seas padre o madre.

Éxitos famosos de disléxicos.

Probablemente hayas visto listas de personas disléxicas que tuvieron éxito.

Aquí hay algunos ejemplos famosos: Leonardo da Vinci, Walt Disney, Albert Einstein, Alexander Graham Bell, Nikola Tesla, F. Scott Fitzgerald, John Lennon, Pablo Picasso, Mohammed Ali, Babe Ruth, Henry Ford, Thomas Edison, Agatha Christie, Steve Jobs, Ben Franklin, Robin Williams, Winston Churchill, Lewis Carroll, Thomas Jefferson, Hans Christian Andersen, W.B. Yeats, Galileo Galilei, Julio Verne, George Patton, John F. Kennedy y George Washington. ¡Qué montón de presumidos!

Nadie sabe con certeza si todos eran disléxicos o no. Muchos de ellos murieron antes de que se inventara la dislexia.

Cristóbal Colón fue al Oeste para encontrar el Este, así que tal vez era disléxico. Tarzán era un mal lector. ¿Y qué hay de él? ¿O Santa Claus, que nunca te trae lo que le pides? Moisés estuvo perdido durante cuarenta años, así que probablemente era disléxico. El Tyrannosaurus Rex está extinto. ¿Los afectó la dislexia?

No te preocupes por ser famoso. Solo recuerda que el éxito llega de mil maneras diferentes. Encontrarás tu propio camino y harás tu propia lista.

Siéntete orgulloso.

Hazles saber a todos que hay una persona inteligente dentro de ti. ¿Cómo lo haces? Abre la boca y deja que salgan las palabras. Cuéntales tus grandes ideas.

O muéstrales lo que puedes hacer.

La vida no es solo leer, escribir y hacer matemáticas, gracias a Dios. Se trata de personalidad, perseverancia y cómo te comportas con los demás.

Y de trabajar duro. Sigue así.

Habrá un final feliz.

Ninguno de estos problemas importa. Puede que no lo parezca ahora, pero todo irá bien.

Además, acabas de terminar de leer un libro. Sigue así.

EL COMIENZO

SOBRE EL AUTOR

Jimmy Huston se enorgullece de poseer un título inexistente en Dislexiología de la Universidad de **REDACTADO**. También es miembro fundador de la Orden Secreta de la Dislexia, pero no lo reconoce.

Además, posee el récord universitario de mayor cantidad de errores tipográficos no forzados en una sola palabra.

Vive en Woodland Hills, California, donde dedica su tiempo a la investigación de laboratorio para trabajar en una vacuna barata contra la dislexia.

www.byjimmyhuston.com

Otros libros de Jimmy Huston

www.cosworthpublishing.com

ENCUÉNTRALO ALLÁ DONDE ODIEN LOS LIBROS

En español y inglés.

Si estás leyendo esto, este libro no te va a gustar.

No es para ti.

Este libro es para las personas que no lo están leyendo.

A ellos tampoco les gustará, pero es corto.

Eso les gustará.

"En realidad no leí este libro. Si lo hubiera leído me habría encantado — pero nunca lo haré." *Billy*

"La palabra odio no alcanza. Detesto leer. Ni siquiera me gusta mirar los dibujos - que además no tiene." *Wally*

"Esto no es lo que escribí sobre este estúpido libro." *Zane*

"Este es un gran libro para la mesita, si tu mesita odia leer." *Solomon*

"Este libro hizo llorar a mi profe." *David*

"Mi hijo amó este libro. Dijo que estaba delicioso." *Sr. Jones*

"ESTE LIBRO ES TAN ESTÚPIDO QUE HASTA YO PODRÍA HABERLO ESCRITO." *Jimmy "*

Otros libros de Jimmy Huston

www.cosworthpublishing.com

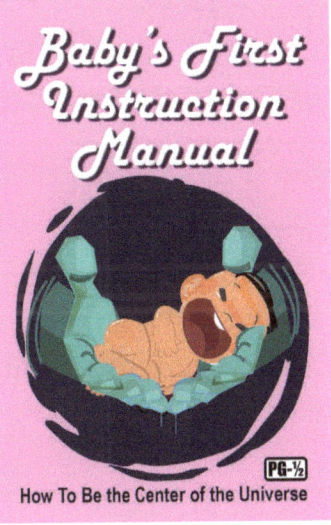

MUERTO ES el NUEVO ENFERMO
Guía Interna sobre Senilidad, Paranoia y los Achaques

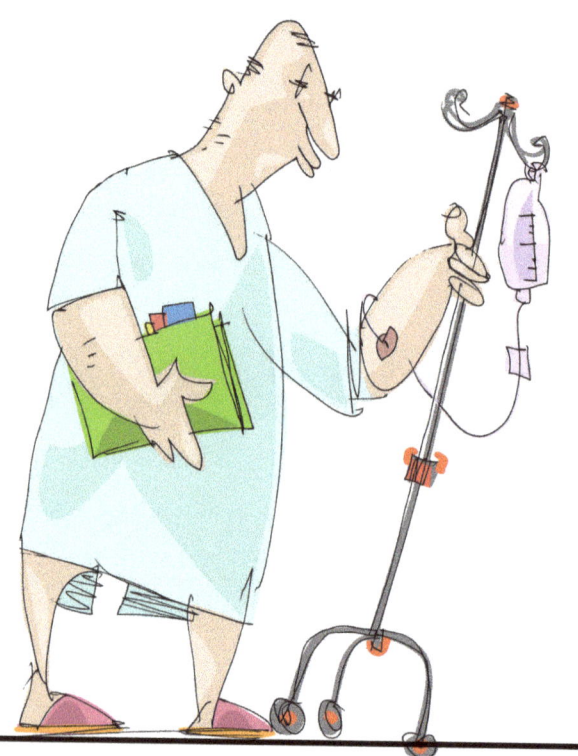

"Abuso de mayores cálidamente afectuoso."

— Matusalén

"Tristemente gracioso…"

— Sófocles

"El Pet Rock de la literatura occidental."

— Anon.

"No me siento bien."

— John Doe

Top 10 Avisos

1. El hospicio es una vasija. Ten un vaso de agua bajo la cama.
2. Escribe un testamento.
4. Escóndelo.
5. No camines hacia la luz.
6. ¿Te tomaste tus pastillas hoy?
7. ¿Seguro?
8. ¿Qué pasó con el punto tres?
9. Come un pay.
10. Si hay algo que siempre quisiste hacer, pero nunca hiciste, ahora es el momento. ¡Empieza por este libro!

PG-65

Muerto es el nuevo enfermo
Guía Interna sobre Senilidad, Paranoia y los Achaques
Jimmy Huston

www.deadsick.com

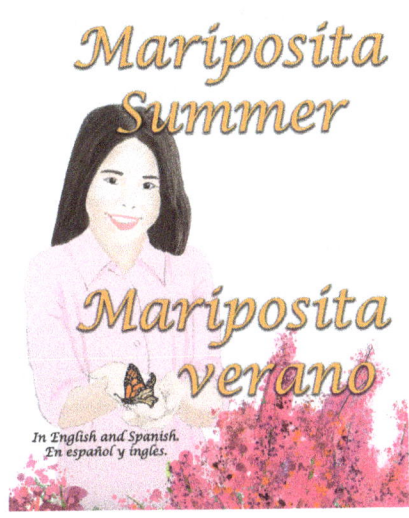

Mariposita Summer

Mariposita verano

In English and Spanish.
En español y inglés.

THE BIG BEAUTIFUL BOOK OF
BURPING
BELCHING
& BARFING

The Snake Test

☐ True? ☐ False? ☐ Maybe

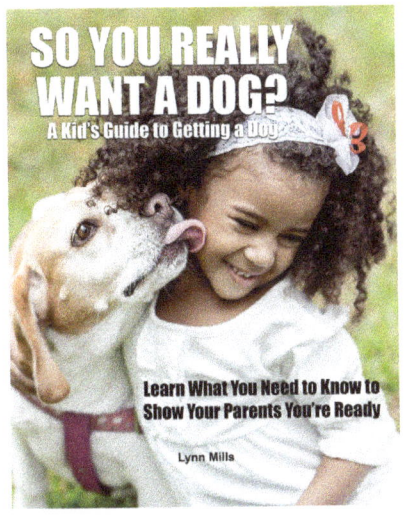

SO YOU REALLY WANT A DOG?
A Kid's Guide to Getting a Dog

Learn What You Need to Know to
Show Your Parents You're Ready

Lynn Mills

Otros libros de Cosworth Publishing

www.cosworthpublishing.com

Engelmann
the Footloose
Christmas Spruce

Lynn Mills

The Magic of Fairy Falls

Veronica Huston

How to
Write
This
Book!

You're going to be the author.

_____
(Write your name here.)

That Damn Little Angel!